BIOGRAPHIE

DE

M. NICODAMI (NICODIM).

DE
M. NICODAMI (NICODIM),

MAITRE DE PIANO

ET PROFESSEUR DE MUSIQUE AU CONSERVATOIRE

de Paris.

Dieu tend a éclairer la volonté de l'homme
plus que son esprit.
Pensées DE PASCAL.

PARIS,
IMPRIMERIE DE FÉLIX MALTESTE ET Cᵉ,
18, RUE DES DEUX-PORTES-SAINT-SAUVEUR.

1843.

Au Père La Chaise.

BIOGRAPHIE

DE

M. NICODAMI (NICODIM),

MAITRE DE PIANO

ET PROFESSEUR DE MUSIQUE AU CONSERVATOIRE

DE PARIS.

> Dieu tend à éclairer la volonté de l'homme
> plus que son esprit.
>
> *Pensées* DE PASCAL.

François-Nicodim, mon premier mari, naquit à Willimor en Bohème, en 1758. Fils naturel, il eut pour mère Thérèse Nicodim, qui le laissa orphelin à l'âge de trois ans. Il fut recueilli par son oncle maternel et par sa tante qui, n'ayant pas d'enfans, l'adoptèrent. Ils habitaient Wenceslao, à quelques lieues de Willimor. M. Nicodim oncle était organiste, maître de chapelle et maître d'école, compositeur fort estimé, homme libre, vivant sous le patronage d'un seigneur différent de celui de la paroisse de Willimor où était né son neveu et où le servage n'était pas encore aboli.

Le jeune François Nicodim fut élevé sévèrement

1

quoiqu'avec tendresse, surtout par sa tante, de laquelle je ne l'ai jamais entendu parler que les larmes aux yeux. *Il ne se connut jamais d'autres parens.*

Dès ses jeunes années la musique fut pour lui une étude sérieuse, nécessitée par la profession de son oncle, qu'il aida dans les travaux de son école.

Je l'ai ouï raconter à son fils quelques détails sur son enfance que j'aurais ignorés sans cette circonstance.

A l'âge de sept ans, il manqua perdre la vie en tombant par accident, endormi et somnambule; il chantait croyant suivre la procession. Dans sa chute il se blessa à la tête : il n'eut jamais depuis aucun accès de somnambulisme; mais il garda une cicatrice au milieu d'une superbe chevelure, qu'il conserva jusqu'à l'âge de 71 ans. A ma demande, quelques jours après son mariage il avait pris la Titus, conservant poudre et coiffeur.

Une fois son oncle le mit à la tête de la députation de l'école pour complimenter la princesse souveraine. Il montra tant de talent pour son âge dans son morceau de musique, que la princesse, qui était à table, demanda à un officier placé derrière son fauteuil de lui donner un cornet de papier, qu'elle remplit de différentes friandises placées devant elle. Ensuite, elle appela le jeune Nicodim qui s'avança, continuant à chanter, sans lever les yeux de dessus son papier de musique; pour l'obliger à la regarder, la princesse donna une chiquenaude sur la musique qui tomba ; alors le jeune enfant auquel on offrait des dragées se précipita sur la main qui les lui donnait et la baisa, tandis que les personnes qui entouraient la souveraine s'écriaient : Roca, Roca, ce qui voulait dire : « *Prenez le bas de la robe.* » Mais la princesse loin d'être offensée sourit à l'enfant et le flatta de la main sur la joue.

Dans son adolescence, sa seule récréation, les dimanches et les fêtes, était de parcourir les différentes paroisses des environs, dont il connaissait les organistes. Dès que ceux-ci le voyaient ils prenaient *campo*, lui cédant leur place. Le jeune homme s'emparait des orgues, jouant l'office en improvisant avec passion.

Mais lorsque vint le temps où il fallait servir le prince de la ville où il était né *serf,* comme il ne se sentait nul goût pour l'état militaire, son oncle l'envoya à Vienne pour temporiser et aviser aux moyens de l'exempter d'être soldat. Sa pacotille était légère, mais il avait le cœur haut et laborieux ; il se mit d'abord à copier de la musique, puis à donner des leçons.

Je l'ai entendu raconter le bonheur qu'il éprouva, lorsque bien peu de temps après avoir quitté sa famille, au lieu de demander des secours il envoya la valeur de six francs en monnaie du pays où l'argent est fort rare. Après cet acte de gratitude ce qu'il eut de plus à cœur fut de s'acheter un chapeau; il le mit aussitôt sur sa tête pour reporter de la musique à une grande dame, à une comtesse devant laquelle il désirait paraître *brave*. Mais avant d'arriver chez elle, il entra dans une église pour remercier Dieu de la protection qu'il lui accordait pour gagner sa vie. Priant avec ferveur, à deux genoux, son chapeau neuf placé à terre près de lui, sa prière dite, il se leva et voulut le reprendre ; mais un mendiant le lui avait volé, laissant le sien à la place. Le pauvre Nicodim s'en alla la tête nue et très chagrin.

Ses succès à Vienne, comme maître de musique, le mirent dans une position fort honorable. MM. *Poitevin de Fonguyon*, fondeurs des canons de l'empereur Joseph II, le prirent chez eux pour élever leur fils unique.

Dans cette maison où l'empereur venait journellement en pantoufles, le jeune Nicodim ayant à peine vingt ans était très considéré, dinant souvent à la même table que le souverain.

La musique des grands maîtres était toujours à cette époque copiée avant d'être gravée. Nicodim, ami et copiste particulier de Mozart, ne perdait aucune occasion d'admirer son talent, et le voyait souvent chez messieurs de Poitevin ; mais, en outre, tous les matins, il se promenait avec lui sur les bords du Danube. Dans leur chemin ils achetaient pour quelques kreutzers de cerises, qu'ils mettaient dans leurs chapeaux et les mangeaient en causant, lançant les noyaux dans le fleuve. Nicodim s'impressionna tellement du génie de ce grand compositeur, qu'il est reconnu pour l'avoir fait traduire en France avec l'accent d'ame de l'auteur même, tant au Conservatoire de musique, qu'en ville, parmi ses nombreux écoliers.

Le vrai goût est classique; le génie des grands maîtres ne vieillit que lorsqu'on le défigure, soit en voulant y ajouter, soit en voulant le réduire. Nicodim s'appliqua à rendre exactement les auteurs qu'il enseignait, Haydn, Clémenti, Gluck, Mozart, Hummel; faisant accentuer selon la pensée *naturelle, simple et toujours vraie;* ne permettant de broderies que dans les points d'orgue, et alors même, trouvant que le silence était un repos nécessaire, il ne se prêtait que rarement à le faire remplir. Ce principe était une règle fondamentale de son enseignement. Il exerçait cependant les idées musicales de ses écoliers, d'après un motif pris dans l'œuvre qu'ils devaient exécuter, les livrant à leurs inspirations, chacun selon ses moyens, jugeant qu'on peut comprendre et sentir d'une manière opposée, être vrai dans le même motif, quoique différemment impressionné. Quand il était forcé de sacrifier à la mode, en ajoutant des agrémens ou des variations, ils étaient pleins de discrétion et de goût. Il enrichissait la mémoire des élèves en les faisant jouer par cœur, et analyser les phrases musicales pour qu'ils les retinssent plus facilement.

Proposant l'*idée* bien comprise du compositeur pour première règle d'exécution, il a souvent répondu à ceux de ses écoliers qui lui objectaient la difficulté du doigté : *Eh! faites avec le coude, si vous ne pouvez faire autrement, il faut rendre l'effet.* Aussi disait-on : *C'est enlevé à la Nicodami.*

Il sentait si sincèrement les beautés des inspirations des hommes de génie qui nous ont donné des chefs-d'œuvre, qu'il renonça à la composition, et se voua tout entier à les comprendre pour faire partager son culte à ses élèves. Il avait assez de talent pour être compositeur; mais cette carrière lui paraissait contraire à celle de l'enseignement musical, en ce sens que la plupart des maîtres sont trop chaleureux pour leurs productions : *Si je composais, je voudrais le faire comme Mozart; je sens que cela n'est pas possible.*

Nicodim était à Vienne lors de la mort de l'impératrice Marie-Thérèse; il y était aussi lors du voyage du pape Pie VI. Il reçut de ce saint pontife une bague avec son portrait en camée.

Les messieurs de Poitevin de Fonguyon désirèrent reprendre du service en France, leur patrie. Ils demandèrent leur congé à l'empereur, et la permission d'emmener avec eux le jeune Nicodim. L'empereur, dont il n'était pas sujet, ne put donner une permission, mais il délivra un passeport au jeune Bohème pour voyager en France. Ce papier fut visé par l'ambassadeur français, M. de Barthélemy, qui eut l'ordre d'ajouter quelques lettres au nom de Nicodim. Nicodami fut désormais le nom sous lequel il fut connu.

Au moment de partir, il apprit la mort de son oncle. La place d'organiste et de maître d'école lui échut donc, et sa tante l'engagea à revenir auprès d'elle. Nicodami préféra suivre sa nouvelle vocation ; il lui abandonna son héritage, qui se composait de peu de choses, une vache, une maisonnette, quelques meubles. Il est à regretter qu'il n'ait pas redemandé les nombreuses compositions de son oncle, dont la musique religieuse était fort estimée.

Il n'eut jamais d'autres nouvelles de son pays. La révolution française en fut la cause, et l'âge avancé de sa tante ôta plus tard tout prétexte à son cœur de s'informer de celle qui l'avait élevé.

MM. de Poitevin, ayant repris leur service auprès de Louis XVI, séjournèrent à Lille et à Strasbourg. Dans cette dernière ville, Nicodami fit l'acquisition d'un superbe habit doré et chamarré ayant appartenu à un prince de Mecklembourg ; dans ce costume il prit, avec son élève, quelques leçons de danse du grand maëstro Noverre ; mais à la troisième leçon il cessa, abandonnant le maître tenant la pochette, et ne pouvant supporter l'idée de suivre comme *un petit chien* la mesure d'un menuet. Il ne dansa jamais depuis et se déclara également incapable dans le grand art de *découper.* En effet, il y était gauche ; il fit, à un dîner de famille, passer sous la table un canard qu'on l'avait prié de dépecer. Il racontait en riant ces deux aventures et ajoutait que son bon appétit suffisait toujours aux honneurs du repas : *dans ma jeunesse,* disait-il en plaisantant, *on me reprochait de manger comme un diable.*

Le bon Nicodami unissait à un caractère austère et naïf une frugalité remarquable ; satisfaisant un gros appétit avec du pain et un verre de vin à son déjeûner, tout aussi content que s'il eût été convié à la table d'un roi. Ponctuel dans ses heures de leçons, il voulait qu'on y répondît par de l'exactitude et du travail, abandonnant ceux qui ne se conformaient pas à cette règle.

Il suivit MM. de Poitevin dans leur terre de Fonguyon, qu'ils firent valoir étant retirés du service. Les loisirs de Nicodami se passaient en promenades avec son élève, observant et inspectant les récoltes d'huile de noix et d'eau-de-vie. A la maison il étudiait les langues italienne, française et allemande. Il oublia le bohême, n'ayant jamais eu l'occasion de le parler ; la langue la plus en usage dans sa patrie est le latin. Il avait à cœur de n'être pas dit *Bohémien* mais *Bohême :* expliquant que des aventuriers égyptiens avaient cherché à se fixer en assez grand nombre dans son pays ; c'étaient des saltimbanques diseurs de bonne aventure ; ils en furent chassés et se répandirent en Europe prenant le nom de *Bohémiens.*

En province, au bout d'un certain temps, l'ennui le gagna, son talent était à l'étroit, on exigeait de lui une présence continuelle ; cela devint insupportable à ses goûts artistiques ; ayant pris à dessein quelques congés sans permission, pour aller chercher de la société à quelques châteaux voisins, cette conduite lui attira des reproches.

Il déclara son dégoût pour la province et son désir d'aller à Paris. Ses patrons qui l'aimaient le comprirent, et ne s'opposèrent point à ce qu'il suivît les inspirations de sa destinée. Ils l'adressèrent à leur sœur, madame Hays, lingère à la cour et mariée à un des secrétaires particuliers de Louis XVI.

Cette dame fut l'amie chez laquelle il débarqua et où il demeura à Paris, rue des Moineaux, dans la maison où se trouvent les magasins du *Gagne-Petit*.

Pendant cinquante ans de séjour à Paris, il ne quitta jamais la paroisse de Saint-Roch.

Sur le grand théâtre de la capitale de la France, Nicodami devint l'inséparable du chevalier de Saint-Georges, qui journellement l'accompagnait sur le violon. Il faisait aussi beaucoup de musique avec M. Krompolz et sa femme chez madame la duchesse de Bourbon et chez madame de Noailles.

C'est par M. Krompolz qu'il connut le père Nadermann, facteur de harpes, dans son petit magasin de la rue d'Argenteuil.

Ce fut sous les yeux de Nicodami que se firent les changemens favorables à ce bel instrument. M. Krompolz, ne pouvant faire comprendre l'amélioration qu'il désirait apporter à sa harpe, prit un canif, perça de ci, de là, et dit à M. Nadermann de travailler sur ce modèle. Ce travail improvisé fut toujours copié depuis. Les deux fils du marchand de harpes ne changèrent rien au travail de leur père, mais devinrent de grands instrumentistes, surtout l'aîné qui ne connut pas de rivaux dans sa brillante exécution. Il était réservé à M. Sébastien Érard, si grand mécanicien pour le piano, de donner, dans la harpe à double mouvement, un instrument complet à l'orchestre.

Le plus jeune des MM. Nadermann fut recommandé à Nicodami par M. Krompolz et d'affection devint son élève sur le piano. Il était léger dans sa jeunesse, quoique d'un excellent naturel. Très souvent le maître attendait vainement chez lui l'écolier, et sortant pour d'autres affaires il trouvait le petit Henry jouant à la Butte-des-Moulins avec des camarades. Il le prenait par les oreilles et le ramenait à sa mère pour qu'elle le forçât à travailler. Il devint par la suite aussi distingué sur deux instrumens qu'il avait adis été paresseux : il fut le modèle des bons fils. Un accident le rendit borgne : jouant avec son frère, il plaça sa tête sous un établi, regarda par le trou en appelant son aîné qui, dans un mouvement irréfléchi, mais fatal, y

enfonça un canif qu'il avait à la main et le priva
d'un œil. Jamais il ne lui en fit de reproches. Ces
deux enfans grandirent en s'aimant et ne se quittè-
rent jamais.

La maison Érard fut en rapport d'affaires et
d'amitié avec Nicodami. Là, était le rendez-vous
de tout ce qu'il y avait de brillant et de plus distingué en artistes et en compositeurs. Dans les réu-
nions fréquentes où l'on faisait de la musique,
Nicodami tenait le piano, lisant à la première vue
les partitions *écrites*. MM. Clémenti, Hermann,
Garat, Riché, tous les grands instrumentistes
Dussek, Cramer, Adam, l'ont tous connu et re-
cherché.

La révolution française marchait à pas rapides ;
madame Hays quitta Paris pour aller se fixer près
de ses frères. Nicodami en fut si chagrin, qu'il prit
les fièvres et une jaunisse qu'il garda longtemps,
sans discontinuer un seul jour ses nombreuses leçons.

Avec cette amie, il entrait à frais communs dans
les dépenses du ménage, quoiqu'il fût entraîné
constamment à dîner dehors. Il suivit toujours cette
manière d'agir avec madame de Luynes ; enfin chez
madame Grilliet, ma parente, chez laquelle je l'ai
connu, ce qui a été la cause de mon mariage
avec lui.

Madame Hays lui laissa un fonds de ménage par
arrangement ; meubles avec lesquels il a vieilli : à
quarante ans, il n'avait encore couché que sur un

lit de sangles. Ses meubles s'augmentèrent pour la plupart des dons de l'amitié des personnes avec lesquelles sa profession le mettait en rapport. Son ame reconnaissante n'a jamais perdu le souvenir du moindre des morceaux de pain que par le temps critique de la disette de 93 on offrait avec privilége aux amis qui en manquaient, ne pouvant s'en procurer. Malgré ses nombreuses affaires, il faisait queue le matin à la porte du boulanger, pour en ôter la fatigue à son amie Hays. Il allait quelquefois chercher par-delà la barrière un gigot et un morceau de viande, dont un élève lui facilitait l'acquisition, ou lui faisait don, pour le rapporter dans le ménage : conservant l'habitude de la sobriété, celle d'une extrême propreté dans sa tenue d'artiste, habit noir, culotte de drap de soie, bas et boucles aux souliers. Il allait toujours à pied; tâchant d'arranger ses courses de façon à perdre le moins de temps possible d'une leçon à l'autre; il n'en donna jamais au-delà des ponts.

Que de détails naïfs et risibles tout à la fois sur ces gardes montées en personne, dont on ne pouvait se dispenser dans ces temps malheureux ! Il n'était pas un héros le fusil sur l'épaule; il ne déserta pourtant qu'une fois, étant de faction sur les marches de Saint-Roch : comptant sur sa montre, enfoncé dans sa guérite, l'intervalle qu'un boulet de canon mettait à se renouveler; les voyant tomber autour de lui, il prit son temps pour regagner sa demeure; l'oreille aux aguets, déposant son fusil, s'abritant de porte en porte avec mesure, il arriva enfin chez lui. C'était le 13 *vendémiaire.*

A l'époque du décret qui expulsait les étrangers, il était à la veille du délai accordé (sans être en règle), lorsque M. de Cambacérès connut à son accent (soupant avec lui) qu'il n'était pas Français. Il lui apprit le danger qu'il courait, et lui facilita, dès le soir même, le moyen de sortir de Paris. Il alla passer ce temps de proscription chez madame Hulin, à quelque distance de la capitale. Mademoiselle sa fille est du petit nombre des écolières qu'il a commencées; le prix de ses leçons était élevé, il était maître de perfectionnement. Mademoiselle Hulin acquit avec lui un talent remarquable. Elle devint l'épouse du général *Moreau.*

Maître de piano de madame Récamier, son ami, son confident, son chevalier dans ses actes de bienfaisance, il apprit par elle à répandre, avec secret et simplicité, de nombreuses aumônes. Combien n'a-t-il pas vanté la grace, la modestie et la bonhomie de cette femme, tant réputée pour sa beauté, et qui mérite de l'être bien plus encore pour ses vertus (1) ! Elle fut forcée par position et par mode de prendre des leçons de M. Steibell; mais elle ne s'y

(1) Se trouvant un jour avec madame Récamier au plus fort de la Terreur, il dit à sa belle élève qui avait jeté sur ses épaules un châle de cachemire rouge alors rare (cette couleur l'impressionnant à cause des exécutions sanglantes de l'époque) : *Ah ! madame, si vous n'ôtez ce châle, je sens que je vais m'évanouir...*

décida que lorsqu'elle fut certaine qu'elle n'offen-
serait pas son bon Nicodami, et qu'il lui continuerait
ses leçons, quoiqu'elle lui associât son brillant rival.

M. Steibell, plein de verve, avait une légèreté
d'exécution ravissante ; il était compositeur doué
d'imagination et de grace. *On ne voulait jouer que sa
musique, et on voulait la jouer comme lui.* Mais il enseignait mal, et de plus il était indélicat dans ses
rapports de société et d'affaires. Il fraudait ses édi-
teurs pour se faire acheter plusieurs fois le même
morceau, auquel il n'avait changé que le titre ; il
pillait les auteurs qui lui demandaient son avis sur
un motif varié, ou un concerto ; il eut pour cela des
procès ; on devint circonspect en lui faisant part de
ses idées musicales. Il enlevait les élèves qui avaient
déjà développé sous d'autres artistes d'heureuses
dispositions. Il a blessé souvent Nicodami, estimant
beaucoup les écolières que celui-ci avait formées,
et acquérant ainsi, sans tâche pénible, l'honneur
du maître dont il les détournait. Nicodami, à son
grand regret, ne pouvait les reprendre, en raison
de ses heures réemployées, quand avec prières
elles l'en sollicitaient après de courtes infidélités.

M. Steibell a prouvé qu'il avait des idées savan-
tes dans son bel œuvre de *Roméo*, quoiqu'il fût incapable de combiner une partition d'orchestre ;
mais ses imitateurs ont gâté le goût. Pendant plusieurs années, la musique grave et pathétique fut
délaissée. Les chastes muses se voilèrent et leurs

adorateurs durent laisser s'écouler le torrent des fioritures, en l'aidant dans son cours. Pour forcer à rallumer le feu sacré, ils posèrent sur le piédestal Haydn, Clémenti, Dussek et Mozart, les donnant à l'étude du concours comme but à atteindre, exigeant qu'on les accentuât comme l'auteur même ; le plus exact était lauréat. Ces maîtres furent nommés *perruques*, pour s'obstiner à conserver la tradition des classiques.

Jamais Nicodami ne refusa ses conseils aux écoliers sans fortune, qui les réclamaient. Souvent il leur sacrifia des gens riches. *Je ne porte pas le talent dans mes poches*, disait-il quand on le fatiguait pour obtenir de ses leçons et qu'il ne pouvait pas satisfaire à ces demandes, faute de temps : c'est *le travail qui fait tout*, ajoutait-il. M. Paër lui confia son jeune fils, prouvant ainsi le cas qu'il faisait de sa méthode. Jamais sa réputation de grand professeur ne s'est affaiblie, et il a quitté cette profession avant que l'empressement de ses nombreux élèves diminuât.

J'ai souvent gémi au récit d'une des mauvaises plaisanteries de M. Steibell, qui crut amuser beaucoup dans une partie de campagne en choisissant Nicodami pour jouer au *cheval fondu*. J'ai déjà dit qu'il n'aimait ni la danse, ni les sauts périlleux. A ce jeu de gamin, il fut bientôt vaincu et renversé d'une manière fâcheuse. Cette chute a pu avoir de grandes conséquences dans sa vieillesse.

Sa simplicité et sa bonne foi servirent quelquefois d'amusement à de certaines personnes possédant cette *desinvultura* qui lui manquait. Un jour on l'électrisa dans une réunion d'amis jusqu'à lui faire dresser les cheveux ; une autre fois on trouva plaisant de l'égayer avec des mouches cantharides. Mais s'il fut le jouet des sociétés, qui le jalousaient dans ses succès et dans la régularité de ses mœurs, il trouva le plus souvent dans sa longue carrière de professeur des distractions charmantes dans l'amitié franche et joyeuse des familles où il était aimé comme s'il en eût fait partie.

La belle madame Nolette l'installa un soir à sa toilette ; elle le coiffa avec des plumes, l'affubla d'une robe de cour, lui mit des rubans, des épingles, des bijoux et l'emmena au bal de l'Opéra, où elle le força à se promener longtemps ; enfin il parvint à s'esquiver, la laissant entourée de ses nombreux adorateurs, pour aller se jeter une heure ou deux sur son lit. Son embarras fut grand pour se défaire de tous ces oripeaux, qu'il arracha moitié riant, moitié fâché. Il fut contraint de dormir presque habillé, jusqu'au moment où son matinal coiffeur vint le débarrasser de son déguisement et rétablir l'édifice des rouleaux et de la queue poudrée, auxquels il fut soixante ans fidèle.

A Orangi, pendant les vacances, ne jouait-il pas la comédie, au milieu de cette jeunesse si respectueuse et si libre avec lui ! Elle l'y attirait ainsi que

MM. Méhul, Lesueur, Chenard pour fêter madame Andrieux! Des années successives y ramenaient les mêmes amis et le souvenir d'aimables facéties et d'officieuses preuves d'estime et d'affection.

Jeune encore, il cessa d'être instrumentiste ayant eu le pouce écrasé par la portière d'un équipage : il ne put se guérir qu'avec des cataplasmes de vieux oingt et d'herbes de plantain.

Souvent occupé à ses leçons depuis six heures du matin jusqu'à minuit, on ne peut comprendre comment il pouvait suffire aux égards de société religieusement observés par lui, tant pour assister dans la cérémonie de leur mariage les jeunes écolières qui l'en priaient, que pour accompagner ses connaissances au dernier asile.

On l'engagea avec instance à se faire nommer professeur au Conservatoire, lors de la fondation de cet établissement. Il y consentit, mais ne voulut pas subir un examen, indigne de son expérience et d'un professeur qui, lors de ses débuts à Paris, avait eu pour accompagnateur le célèbre Saint-Georges. Les concerts de la rue de Cléry mettaient sa méthode au premier rang, ainsi que ses succès en ville; MM. Gossec, Méhul, Lesueur et Cherubini, ayant des rapports continuels avec lui, donnèrent leurs voix avec conviction. Il fut nommé et chargé par le gouvernement de la composition et de l'arrangement des chants pour les fêtes nationales. MM. Kalkbrenner et Lemoine remportèrent avec lui leurs premières couronnes. Nicodami fut embrassé par Lucien Buonaparte présidant le concours.

Il donna promptement sa démission, parce que sa santé ne lui permettait pas de rester plusieurs heures assis dans une classe ; il ne professa jamais dans les pensionnats, par cette raison. Au Conservatoire il fut un peu piqué d'avoir été un jour menacé d'être mis à l'amende pour être arrivé un quart d'heure après l'ouverture. Il quitta un poste dans lequel on n'admettait pas l'excuse d'une indisposition de la part d'un homme aussi exact que lui. Indépendant par sa nombreuse clientelle il s'y voua entièrement et fut à même de faciliter la carrière à beaucoup d'artistes.

Qui n'a connu le charme attrayant du commerce séduisant et du grand talent d'écrivain de madame Cottin? Le noble caractère de cette femme, remplie d'imagination et de sensibilité, à qui la nature refusa d'être mère, mais qui le devint par l'adoption des filles de son amie intime? Je veux parler de madame Verdier et de ses enfans. Les principes moraux et le goût plein de tact et de logique de Nicodami le firent rechercher par madame Cottin dont il était de l'intimité la plus choisie.

M. Desprées, de simple commissionnaire aux Messageries, devint banquier. Il rechercha l'amitié de Nicodami et lui offrit un appartement chez lui; sa caisse devint le dépôt de la fortune de ce professeur, qui s'attacha singulièrement à cette maison. Nicodami fut aussi le David, qui terrassa une maladie nerveuse que fit M. Desprées pour laquelle la musique fut ordonnée. Après plusieurs années d'une grande intimité, il fut averti qu'il courait des risques en restant dans la position où il était avec le banquier. Il quitta ce ménage où il n'aurait pas tardé à être victime des banqueroutes qui suivirent la reprise de ses fonds.

Madame Grilliet, ma cousine par ma grand'mère maternelle, était veuve, et des revers de fortune la forçaient à vivre économiquement. M. Nicodami lui proposa de s'associer à frais communs pour le loyer, le domestique et la table; elle accepta. C'était un avantage pour tous deux. Elle trouvait une société et un aide, et lui des soins qu'exigeait sa santé altérée par les inquiétudes sur sa fortune que M. Desprées tâchait de retenir par mille instances obséquieuses; offrant de faire des rentes viagères, insistant sans pudeur pour rester son caissier, il fallait se raidir contre des sympathies qui lui étaient chères et le combat fut douloureux. Il l'emporta cependant; sa fortune quoique diminuée le laissait fort à son aise : il ne crut pas sage pour m'avantager plus sûrement de déclarer sa fortune dans son contrat de mariage lorsque vint l'époque d'unir ma destinée à la sienne. Je connus M. Nicodami chez ma cousine Grilliet huit ans avant la circonstance que je vais raconter, qui m'a mise à même d'apprécier toute la générosité de sa grande ame dont sa modestie fit toujours un secret. Ceux qui virent en lui une tenue sévère, exacte, scrupuleusement rangée, se méprirent sur son caractère et l'accusèrent d'avarice.

Je passais l'été à Fontenay-aux-Roses, faisant l'éducation des demoiselles Lopès et de la petite fille de M. Vieyra Molina.

Au retour de cette villegiatura, madame Grilliet me dit que M. Nicodami s'était promis de faire le sort d'une orpheline, qu'il m'estimait et me choisissait pour accomplir ce vœu. Elle m'offrit une dot de sa part pour me marier selon mon inclination. Je répondis que j'avais perdu tout espoir de me marier par amour : eh bien, ma chère Laure, M. Nicodami s'offre comme bienfaiteur et comme époux. Faites vos réflexions et donnez-nous promptement une réponse. Plusieurs semaines se passèrent; mes idées variant sans cesse retardaient ma dernière résolution. Enfin, le procédé d'un homme généralement estimé, qui m'adoptait uniquement parce qu'il connaissait mes chagrins, qui m'honorait et m'aimait assez pour réparer les disgraces de la fortune, en me faisant partager la sienne et la grande différence d'âge qui existait entre lui et moi, ainsi que l'espoir de m'acquitter par le dévoûment, furent les motifs qui me décidèrent. Je portai enfin un consentement qui fut reçu avec bonheur. Nicodami m'avoua que les jours d'incertitude qui venaient de s'écouler lui avaient fait connaître une impatience pleine d'émotions. Ce cœur neuf se livrait pour la première fois, à soixante ans, à la pensée d'un changement d'état, et sans qu'il le voulût, l'amour lui suscitait ses inquiétudes. Il se chargea de réunir tous les papiers, acheta les dispenses (on était dans l'Avent) et fit publier les bans, gardant le plus grand secret sur cet événement parmi ses connaissances : plusieurs ayant intérêt à faire manquer son mariage, et pouvant l'essayer, soit par des conseils officieux, soit par des intrigues.

Dans les premiers jours de décembre je fus autorisée à déclarer mon mariage à mon tuteur et à la famille chez laquelle je demeurais.

M. Nicodami annonça, au dîner hebdomadaire de son ménage en commun, le mariage de la jeune parente de madame Grilliet, priant deux de ses amis de vouloir bien servir de témoin au mari auquel elle s'unissait, se désignant pour remplir, avec M. Claude et M. Babille, l'office de témoin et de père.

Je bornai aux seuls frais d'une toilette élégante mais simple les acquisitions de la corbeille pour laquelle il m'avait remis une somme en or, en outre du portefeuille qui contenait la plus grande partie de sa fortune.

Toute pure qu'on soit, ce mystère d'épousée a toujours quelque chose d'inquiétant pour la jeune fille ; comment sera-t-elle jugée par cet amant, par ce maître?

Quelle responsabilité a-t-on attachée à la ceinture virginale? Quel compte demandera-t-on des jours qui ont précédé ceux où l'on se place sous le dais conjugal? L'homme croit son passé absous; il est sévère pour le nôtre; il est vrai néanmoins que le nom qu'il porte et ses antécédens sont réellement notre avenir....

Je fus touchée de la bonté de Nicodami la veille au soir de notre union ; cherchant à dissiper quelques nuages qui attristaient ma physionomie, il me dit, se mettant à deux genoux devant moi : Vierge ou veuve, vous serez à moi demain; acceptez avec indulgence les hommages d'un vieillard. Je réponds : mon ami, je suis pure et je vous serai fidèle épouse.

A neuf heures du matin, le lundi 28 décembre 1817, les messieurs Schnal et Cavallier, qui avaient accepté d'être les témoins de l'époux, arrivèrent empressés de le connaître; Nicodami les fit monter en fiacre avec lui, leur disant qu'ils allaient le chercher, et que nous nous trouverions tous à la municipalité.

Montés en voiture, ces messieurs se voyant arrêtés à la porte de la mairie s'écrièrent impatientés : Mais le marié, où est-il donc? Alors Nicodami sortit ses gants blancs avec pudeur, et se jetant dans leurs bras en pleurant dit : Mes chers amis, c'est moi.

De la municipalité, nous nous rendîmes à l'église Saint-Sulpice, où la chapelle du Sacré-Cœur était tapissée pour nous très convenablement. Nous reçûmes la bénédiction d'un vicaire, un autre nous dit la messe. Cette chapelle, assez vaste, fut loin d'être pleine. Nous n'y entrâmes que Nicodami, moi, madame Grilliet, les quatre témoins, dont l'un d'eux, M. Babille, conseiller au tribunal de cassation, étant mon tuteur et mon parrain, me servit de père. Tous vieillards, le marié était le plus jeune, ayant cinquante-neuf ans. Mon entourage offrait un total d'années révolues de trois cent cinquante-deux ans. Cela me faisait paraître plus jeune que je ne l'étais et me rendait intéressante.

Nicodami était troublé par la crainte que la cérémonie ne fût interrompue par un : *Je m'y oppose.* Cette crainte me paraissait romanesque, mais obligeante et tendre.

L'hiver jusqu'alors avait été très humide ; la nuit précédente il avait plu à torrens ; comme par enchantement, quelques heures d'une forte gelée avaient étendu un manteau glacé sous nos pieds, et un soleil radieux éclaira le livre sacré de l'Évangile sur lequel se posèrent nos sermens. Sentimens de respect et d'amour de Ruth pour Booz ; père et époux chéris, noms sacrés, vous sortîtes de mon cœur pour vous graver au ciel !

Jeunes femmes, qui vous mariez à un époux beaucoup plus âgé que vous, sachez que celui-là même qui n'a pas de famille, et qui par cet isolement console votre délicatesse, qui n'aurait pas consenti à frustrer une parenté immédiate, est circonvenu d'une manière occulte par tous ceux qui ont spéculé sur les dîners qu'il a pris chez eux, sur les liens d'amitié qui se sont enlacés autour de son indépendance, sur les conseils qu'on a eu l'air de lui donner d'une manière gratuite et généreuse !

Je devins mère trois ans après mon mariage.

Nicodami les six dernières années de sa vie eut une paralysie nerveuse qui entraîna la privation de tous ses membres.

Capable des belles actions que je vais raconter, il conservait une intime conviction de la probité des personnes décorées d'un titre public. Quand je lui appris la *déconfiture* de son notaire (Chévrier), il me dit : *Tu es un enfant de croire cela d'un notaire royal.* Ce notaire était celui de la duchesse de Berry, chargé de la souscription pour l'acquisition de Chambord.

Tant qu'il put marcher, il mit un grand secret dans les aumônes qu'il portait à domicile, surtout dans le quartier Saint-Jacques, si populeux et si pauvre ! Les mansardes des maisons que nous avons occupées rue des Moulins et rue d'Argenteuil logeaient des femmes gênées qui mettaient en gages leurs hardes ; elles les en retirèrent souvent, recevant en outre de Nicodami le prix des termes pour lesquels elles les avaient engagées (1). Il aimait peu à faire ses aumônes par des quêtes, auxquelles cependant il aidait toujours. Ma bonne amie, me disait-il souvent, rappelle-toi qu'il faut faire le bien *loin de soi* pour ne pas connaître *l'ingratitude de ceux qu'on soulage.* Tu verras comme c'est difficile... Si jamais tu fais quelque chose *en mon nom*, que ce soit pour de *pauvres jeunes garçons...* (pensant à sa jeunesse).

On nous apprend, un jour, qu'une fruitière de notre quartier, nommée la mère Rouget, paralysée ainsi que son mari, logeait dans une belle chambre au cinquième étage; elle était menacée d'être mise à la porte, sans asile et sans meubles, parce qu'elle devait trois termes. Nicodami me prend par le bras pour l'aider dans sa marche, déjà bien chancelante; nous nous acheminâmes vers la maison indiquée, nous montâmes les étages et Nicodami vit avec une émotion pénible cette pauvre femme couchée près de son mari idiot et paralysé. Il déposa sur le lit avec bonté une année de loyer, et, depuis ce moment, il leur fit remettre souvent des secours par notre bonne.

Salins brûle; la nouvelle en est lue par notre cher

_____

(1) Nicodami proposant à l'une d'elles de la faire entrer *aux petits ménages*, rue de Sèvres, cette pauvre vieille lui répondit avec un sentiment de liberté indéfinissable : *Ah! mon bon Monsieur, laissez-moi boulotter ici.*

fils. J'étais assise vis à vis du canapé où mon mari
était couché ; je lève les yeux vers lui. Oui, répond-
il à mon regard, porte cinq cents francs chez M.
Laffitte, au bureau de la souscription.

Plus tard, je le sollicite de me dire s'il avait quelques dispositions de bienfaisance, que la crainte de
nous laisser moins riches l'empêchât de faire. Le
pressant sur mon cœur : dussions-nous y consacrer
le moitié de notre fortune, je serais empressée d'y
être fidèle.... *C'est fait*. ma bonne amie, écoute....

« Je suis allé chez M. Ternaux un matin ; j'ai
trouvé son antichambre remplie de monde. J'ai attendu que chacun ait terminé l'affaire qui l'y avait
conduit ; puis je suis entré dans le cabinet où
M. Ternaux me dit : Dépêchez-vous, je suis pressé.
— Je viens vous demander, monsieur, un service, parce que j'ai confiance en vos lumières ;
je vous prie de m'indiquer la manière d'employer
cette somme ; je posai en même temps un paquet
de billets de banque de la somme de *vingt mille
francs*. Je désire qu'elle soit répartie en faveur des
femmes enceintes et des orphelins.... M. Ternaux
se lève, avance un fauteuil pour m'y faire asseoir.
Monsieur, monsieur, pardon ! à votre simplicité
apparente, j'ai cru que vous veniez solliciter, et je
suis souvent bien importuné.... Mon admiration me
rend confus ; votre nom, je vous en supplie ! — Je
veux rester inconnu ; je suis venu chez vous plutôt
que d'aller chez M. Delessert, qui m'a vu souvent.

Je vous prie de vous entendre ensemble pour pla-
cer la somme que je vous remets. M. Ternaux in-
sista pour savoir mon nom, car enfin, dit-il, il faut
vous rendre compte de ce que nous ferons. — Met-
tez dans le *Constitutionnel* ce qui sera fait ; je le lis
tous les jours. Je vous sollicite alors, dit M. Ternaux, de permettre que l'enseignement mutuel pro-
fite pour un tiers dans votre donation. — J'y consens,
dis-je en le saluant et me retirant. *L'article a été in-
séré, je te l'ai fait lire un matin sans te dire que j'étais
le bienfaiteur inconnu auquel on rendait compte.* »

Pendant les cinq dernières années de la vie de
Nicodami, ses infirmités le mirent ainsi que moi à de
cruelles épreuves que la religion seule put nous faire
supporter ! Elle plaça au chevet du lit de douleur
un digne ami, M. l'abbé Grellet, vicaire de Saint-
Roch. Ministre zélé et compatissant qui porta le
pain céleste et désaltéra le martyr au calice de la
vie éternelle ! Une épouse, un enfant, des domes-
tiques agenouillés fondant en pleurs, accueillaient
de leurs respectueuses adorations le consolateur
qui guérissait des douleurs terrestres par l'espoir
d'un avenir de grace.

Nicodami ferma les yeux le 13 août 1829.
J'avais obtenu de sa complaisance qu'il me composât
quelques morceaux de chants sacrés. Paralysé il
écrivait difficilement ; cependant il nota un *Ave*, un
Pater et *un Benedictus* (1).

(1) Voir ci-après le *fac simile* de l'AVE de Nicodami.

M. le chevalier de Neukomm fit mettre un court article dans les journaux, qui annonçait qu'on avait perdu un ami de l'humanité *endormi du sommeil du juste*. Une feuille anglaise l'a répété.

TESTAMENT

DE

M. NICODIM DIT NICODAMI.

Par devant Mᵉ Etienne-Prosper VAVASSEUR-DESPER-
RIERS et Mᵉ Jean-Baptiste-François-Aristide MÉRAULT,
son confrère, notaires à Paris, soussignés ;

Et en présence de M. Joseph BASSOT, horloger, demeurant à Paris, rue Saint-Honoré, nº 252,

Et Jean-François JUHEL, propriétaire, demeurant à
Paris, rue d'Argenteuil, nº 17 ;

M. François NICODIM, dit NICODAMI, professeur de musique, demeurant à Paris susdite rue d'Argenteuil, nº 17 ;

« Le dit sieur sain d'esprit, mémoire et jugement, ainsi
» qu'il est apparu aux notaires soussignés, et auxdits
» témoins, mais malade de corps et trouvé sur son lit
» dans une chambre au second étage, éclairée par deux
» fenêtres sur la rue d'Argenteuil, ladite chambre dé-
» pendant de l'appartement qu'occupe le testateur en
» ladite maison, sise rue d'Argenteuil, nº 17, où lesdits
» notaires se sont rendus avec lesdits témoins. »

Lequel a dicté aux notaires soussignés en présence
desdits témoins son testament ainsi qu'il suit :

Né dans le sein de l'Église catholique apostolique et romaine, c'est aux pieds de la mère de mon Dieu que je dépose mes longues souffrances afin que sa miséricorde intercède pour que mes derniers momens soient paisibles, et épargne à ma femme et à mon fils le spectacle d'une séparation trop déchirante.

Ceci est mon testament, le vœu de ma dernière volonté, je ne peux ni l'écrire ni le signer, l'état d'infirmité dans lequel je suis depuis longtemps en est la cause; cet état est connu de tous ceux qui m'ont vu et soigné; mais étant sain d'esprit et en pleine connaissance, je veux que ce qui suit soit exécuté.

Je nomme et institue mon fils Marie-Charles-Théodore Nicodim mon seul et unique héritier et légataire universel, à la charge par lui de supporter les legs particuliers ci-après, et l'exercice de la donation contenue en mon contrat de mariage passé devant Me Chevrier, notaire à Paris, le vingt-deux décembre mil-huit-cent dix-sept, faite au profit de sa mère Laurette-Aimée Mozard, mon épouse, donation que je confirme en tant que de besoin.

A défaut de mon fils, j'institue ma femme ma légataire universelle.

Je désire que mon fils ait pour subrogé tuteur M. Urbain-Pierre Danger, avocat, greffier des ordres, demeurant à Paris, rue Montmartre, n° 70, et je le prie d'accepter ces fonctions comme une preuve de ma confiance et de mon amitié et pour souvenir de ma gratitude je lui offre une bague de la valeur de 1200 francs.

Les livres composant la bibliothèque, la pendule en acajou étant sur la cheminée du salon, les vases, flacons et ornemens qui se trouvent sur la même cheminée et sur celle de la chambre à coucher, à l'exception des flambeaux, tous les tableaux, un déjeuner en vermeil et une tasse à bouillon en argent, enfin, ces bijoux appartiennent à ma femme, ainsi que je le reconnais, comme lui ayant été donnés à titre de dons d'amitié depuis notre mariage.

Je prie Mademoiselle Laure SALMON, marraine de mon fils, d'accepter des mains de ma femme un souvenir de ma part.

Je lègue une épingle de la valeur de 200 francs à M. Charles GOMEL, parrain de mon fils, qu'il voudra bien porter en mémoire d'un vieil ami.

Je lègue une de mes tabatières à mon ami SCHNAL.

J'en offre une aussi à M. BOUÉ, mon bon et estimable chirurgien.

Je veux donner à Victoire BEAUFRÈRE un gage de ma satisfaction pour ses bons et fidèles services.

Je charge ma femme d'en fixer la valeur; je veux aussi donner une récompense aux personnes qui m'ont assisté dans ma dernière maladie, selon le zèle et l'affection qu'elles auront montrés. Je charge également ma femme d'en fixer le montant.

Je donne et lègue 500 francs au bureau de charité du deuxième arrondissement, et 500 autres francs à la souscription, annoncée par M. le préfet de police de Paris, au profit des dépôts de mendicité.

J'ai rempli ma carrière avec la plus stricte probité, n'ayant jamais fait tort à personne, et ne laissant aucune dette.

Ma dernière bénédiction est pour ma femme, mon cher fils, tous mes bons amis, mes chers écoliers, notamment MM. GOMEL, VERNEUIL, SALMON, leurs dignes et respectables épouses, leurs chers enfans, priant leurs bons cœurs de reporter sur ma femme et mon fils la bienveillance dont ils m'ont donné tant de preuves ; avec cette espérance, je m'endormirai tranquillement dans le sein de mon Dieu.

Je révoque tous précédens testamens et codicilles que j'aurais pu faire.

Fait et passé à Paris, dans le local ci-dessus désigné, dépendant d'une maison rue d'Argenteuil, n° 17, le trois décembre mil huit cent vingt-huit, neuf heures du soir, et après lecture faite par ledit Mᵉ Vavasseur-Desperriers, l'un des notaires soussignés, en présence de son confrère et desdits témoins, le testateur a dit l'avoir bien entendu et y persévérer, et il a déclaré savoir écrire, mais ne pouvoir le faire, ni signer, attendu son état d'infirmité; de ce requis par lesdits notaires, ont signé avec les témoins le présent testament écrit en entier de la main dudit Mᵉ Vavasseur-Desperriers, tel qu'il a été dicté.

Signé : Jubel, Bassot, Desperriers, Mérault.
Ces deux derniers notaires.

Ensuite est écrit : Enregistré à Paris, le vingt août mil huit cent vingt-neuf, folio 198, v°, cases 2, 3 et 4; reçu cinq francs cinquante centimes, dixième compris. (*Signé* Creton.)

L'an mil huit cent quarante-un, le vingt-trois juillet, ces présentes ont été collationnées par Mᵉ Royer, notaire à Paris, soussigné, comme successeur immédiat dudit Mᵉ Vavasseur-Desperriers, ancien notaire à Paris.

Expédition en trois rôles contenant quatorze mots rayés nuls et un renvoi.

Imprimerie de Félix Malteste et Cᵉ, rue des Deux-Portes-Saint-Sauveur, n° 18.

Violini
Canto
Basso
for pia rinf pia for pia
Col
Ave Maria Gratia plena Dominus tecum benedicta tu in
for rinf pia for pia
for pia
for
= bus et benedictus fructus ventris tui Je su Je su Christe Dominus tecum et b
for pia
for
dolce
Col
= dictus fructus ventris tui Je su Christe Sancta Maria Ora pro no
for pia

Ora pro nobis mater Dei O—
poco f.
Cresc:
ra pro nobis mater Dei O
pia
Cresc:

Canto
Basso
for
Ardulieri
bus et benedictus fructus=
=dictus fructus ventris tui   bis

Mater Dei Ora pro nobis pecca to ri bus Sancta Maria Ora pro nobis mater Dei O-
-ra pro nobis Nunc et in hora Mortis Nostrae Sta Maria Ora ora pro nobis mater Dei O
-ra Ora pro No bis

9 782013 465939